DE
L'ÉTAT ACTUEL
DE LA FRANCE,
SOUS LE RAPPORT DES IDÉES POLITIQUES.

On invoque sans cesse l'expérience, rarement
on sait bien la consulter.

Par M. J. R... de Grenoble.

....

A PARIS,

Chez DELAUNAY, LIBRAIRE, GALERIE DE BOIS,

PALAIS-ROYAL.

AU CABINET LITTÉRAIRE, RUE DES FRANCS-BOURGEOIS-
ST.-MICHEL, N°. 5.

ET CHEZ CHARLES, IMPRIMEUR, RUE DAUPHINE, N°. 36.

====

1814.

DE
L'ÉTAT ACTUEL
DE LA FRANCE,

SOUS LE RAPPORT DES IDÉES POLITIQUES.

———

Quelle que soit la multitude d'opinions qui nous divise, chacun s'accorde sur un point qui n'est malheureusement que trop incontestable; c'est que le corps politique se trouve actuellement encore dans un état pénible de souffrance. Ce n'est point assez du renversement d'un gouvernement oppresseur pour calmer immédiatement tous les maux, pour dissiper toutes les inquiétudes. De profondes plaies saignent encore. Mais, surtout, l'on ne s'est point encore assez appliqué à en découvrir les premières causes. De simples résultats, voilà ce qui semble uniquement nous frapper; et c'est là, peut-être, le plus grand de nos maux. De là, cette inquiétude vague, qu'aucun plan ne peut fixer; de là, ce mécontentement respectif de tous les partis dont on a peine à démêler soi-même les motifs; de là, ces vœux indéterminés ou téméraires, dont le but tromperait encore nos désirs, s'ils pouvaient être exaucés.

Il en est souvent des maladies du corps politique comme de celles du corps humain. Souvent une crise violente n'est dans l'un et l'autre que le signe précurseur ou l'agent même du rétablissement. En médecine, il est bien reconnu que le moyen le plus simple, mais en même temps le chef-d'œuvre de l'art, consiste, en pareil cas, dans une sage observation des symptômes, des principes du mal, uniquement pour favoriser le combat salutaire de la nature. Mais, dans la médecine du corps social, serait-il donc vrai qu'on dût embrasser un autre système; qu'il fallût repousser les secours d'une observation saine, et les leçons de la prudence ordinaire? Serait-il donc possible que, pour rétablir l'équilibre dans un corps troublé, on dût en déchirer ou dénaturer tous les ressorts; en un mot, qu'on dût employer toutes les forces de l'homme pour contrarier celles de la nature?

Une telle question pourrait, en des temps plus heureux, paraître futile ou singulière.

Peut-être le semblera-t-elle encore aujourd'hui à des esprits indifférens ou superficiels. Mais son importance et la nécessité de la résoudre n'échapperont point aux hommes qui savent penser, et trop pressentir les malheurs dont peut être encore accablée leur triste patrie. C'est à ces derniers surtout que j'adresserai les réflexions suivantes.

Il est encore possible que cette question paraisse, au premier coup d'œil, d'une solution fort simple; mais elle est bien loin d'être décidée d'une manière satisfaisante pour le bonheur des nations et la stabilité des gouvernemens. En effet, un petit nombre soutient : que tout l'art de gouverner doit se réduire à bien observer, dans un état, le concours des volontés particulières vers un bien-être commun, pour en favoriser le développement, pour le régler, et non pour l'anéantir. . . . D'autres, au contraire, paraissent s'accorder à penser : qu'on doit bien se garder, en politique, de consulter la volonté générale, et qu'elle ne peut qu'égarer ; que tout doit tendre à en comprimer l'essor, pour le faire plier sous la volonté particulière du souverain ; que telle doit être, dans un état bien organisé, l'unique règle du gouvernement.

Au milieu d'un tel conflit d'opinions, qui peuvent avoir des conséquences si diverses, que peut éprouver l'homme qui tressaille encore au nom de patrie ? Quel que soit le parti qu'il embrassa, son cœur ne peut que gémir d'une opposition si directe. Tout doit l'alarmer ; la moindre entreprise contre le système qu'il croit favorable, doit aussitôt lui en faire présager la ruine entière, avec celle du bonheur de la nation. Mais le vrai patriote doit-il se borner à gémir, lorsqu'il croit apercevoir de quel côté gît l'erreur ? Non, sans doute; son devoir ne peut se borner à un douloureux silence. Il fait plus alors ; il doit, comme un tribut sacré, présenter le fruit de ses méditations sur un sujet aussi important. Quelque imparfait que soit son talent, peut-être une seule idée va-t-elle préparer le triomphe de la vérité. Un génie plus éloquent s'emparera de ce faible trait de lumière, et la fera rejaillir de toutes parts. Il ne doit donc plus balancer, il suffit que son tribut soit sincère.

C'est ici qu'il faut ramener le tableau des événemens extraordinaires au milieu desquels nous sommes encore plongés, afin de pouvoir rattacher à mon sujet la discussion qui nous occupe ; pour nous assurer si, dans ces exemples trop fameux, on a su baser toujours ses jugemens sur une observation sage; et si les conséquences qu'on voudrait aujourd'hui tirer de certains faits, partent toujours d'un principe justement établi.

Qu'il me soit permis de reprendre les choses d'un peu plus haut. Je supplie mon lecteur de vouloir bien suspendre un instant son impatience.

On ne peut nier que depuis vingt-cinq ans, nous n'ayons parcouru presque toutes les phases politiques : d'abord le renversement de l'ancien édifice féodal, accompagné de la limitation positive du pouvoir absolu dans le monarque. Bientôt après, la destruction radicale du Gouvernement monarchique même, pour proclamer le principe indéterminé d'une république. Ensuite, on fait plusieurs essais malheureux pour l'application de ce principe. Une démocratie apparente, mais qui n'est dans le fait que le despotisme naissant des plus audacieux, vient d'abord s'établir. On s'efforce quelques instans d'arrêter son cours ou d'en régler au moins l'exercice; chose inouie! L'on voudrait organiser ce qui va bientôt développer les principes les plus funestes de désorganisation. Un tel état ne pouvait durer; et, après de terribles convulsions, l'ordre renaît. On voit s'établir alors un Gouvernement plus régulier sous le nom de république, et fondé en effet sur les droits des nations, mais dont l'exercice est modifié par l'échelon salutaire d'une représentation nationale. On respirait... Mais, hélas ! le germe de nos maux n'était point encore détruit, et notre édifice social manquait surtout des moyens d'assurer sa conservation. Un mode vicieux dans la balance des pouvoirs, ou peut-être l'empire de circonstances malheureuses, en préparait encore la chute..... Bientôt une nouvelle époque s'avance... Il semble qu'elle va tout réparer !... Sous les auspices d'un homme que le vœu général appelait alors au timon de l'État, une constitution mixte est présentée à la nation, comme devant réunir tous les avantages d'un gouvernement populaire avec ceux de l'unité du pouvoir. A peine a-t-on joui de quelques bienfaits réels, que le germe de tous les vices renfermés dans ce pacte impudent, se développe avec une effrayante rapidité. Les bases primitives de ce nouveau gouvernement sont bientôt dénaturées; toute balance des pouvoirs est détruite, et le despotisme le plus absolu s'établit sur ses ruines.

Arrêtons-nous ici un instant : voyons d'abord quel concours d'opinions aura dû produire, sur le commun des observateurs, cette étonnante variété d'institutions établies et détruites dans un si court intervalle. Faisons en même temps abstraction des maux et des crimes enfantés dans ces diverses époques ; supposons un instant que nous n'ayons eu que des erreurs à nous reprocher. Que pourra-t-on néanmoins penser, au premier coup d'œil, d'un peuple aussi volage, aussi follement habile dans l'art d'édifier et détruire au même instant ? L'étranger pourra-t-il conserver pour lui quelque estime ? Ne le regardera-t-il pas comme un composé d'êtres incapables de se fixer à une seule idée raisonnable, jouets et admirateurs éternels de leurs propres caprices ou de ceux de leurs maîtres ? Eh ! que penseront-ils eux-mêmes.... s'ils peuvent un instant penser ?..... Ne seront-ils pas forcés de se rendre aussi cet humiliant témoignage ?

Mais que, dans de telles circonstances, et pour régner sur un tel peuple, on rappelle un membre de l'ancienne famille royale, long-temps écarté du trône par l'effet des événemens que nous avons retracés ; croira-t-on qu'un tel souverain puisse avoir quelque confiance dans le caractère de ses nouveaux sujets ? Ne serat-il pas porté à conclure, sur ce simple aperçu, qu'ils n'en sont nullement dignes ; que leur participation au Gouvernement ne pourrait être que funeste ; qu'il faut tout mettre en œuvre pour en écarter à jamais l'influence ?

Sans rien décider encore sur la légitimité d'un tel raisonnement, nous prions de remarquer seulement que pour y conduire le souverain qui fixe notre attention, nous avons fait abstraction de tout ce qui n'était pas simple erreur. Et, cependant, combien ce raisonnement ne semble-t-il pas déjà plausible ! Que sera-ce donc si l'on ajoute, au premier tableau, le récit de malheurs et de crimes trop nombreux ; si l'on vient à penser que le propre frère, et une partie nombreuse de la famille du monarque rappelé, furent les premières victimes de ces révolutions ; que depuis vingt ans, toujours repoussé du trône et du pays natal, il n'a pu s'y rétablir qu'à l'aide des circonstances les plus extraordinaires et les plus inattendues ? Mais, surtout, si ce monarque, élevé dans la pourpre, est sincèrement convaincu que cette succession de gouvernement ne fut qu'une suite d'usurpation... que la nation entière fut pendant vingt ans livrée aux mains des rebelles... alors, je le demande, puisque ce monarque est un homme, comment pourra-t-on croire qu'à ses premiers mouvemens de défiance, ne viendront point aussitôt se mêler des sentimens d'amertume ?

Poursuivons : cette opinion défavorable et ces sentimens pénibles, une fois établis contre la nation dans l'âme du souverain et de ses conseillers ou ministres, il sera bien facile de présager quelle sera leur conduite envers cette nation qu'ils sont appelés à gouverner. On ne devra point s'étonner de les voir tout employer, même le dernier artifice, pour river les chaînes de ce peuple indocile. Mais ici se présente une réflexion bien naturelle, et que réclame le plus strict esprit de justice : c'est qu'en supposant que ces principes ne fussent point aussi légitimes que nous avons semblé le démontrer, ne faudrait-il pas convenir au moins que cette erreur serait fondée sur des motifs d'une apparente solidité, et que, par cela seul, elle mériterait quelques égards ? Une telle erreur, il est vrai, d'un souverain à l'égard de son peuple, ne devrait point être caressée par ceux qui l'auraient su découvrir... Une semblable bassesse serait le vrai crime de lèse-majesté... Mais ne faudrait-il pas alors employer quelques ménagemens pour dessiller les yeux de l'autorité ? ne faudrait-il pas, avec l'arme de la persuasion ; faire tous ses efforts pour l'empêcher de se précipiter dans l'abîme ?

Nous croyons avoir exposé jusqu'ici dans toute leur force, et les faits et la série de raisonnemens qui ont pu conduire à penser que le peuple français ne peut être gouverné que par la volonté *absolue* de ses maîtres, et que tout appel de sa part aux droits des nations ne peut être qu'une désastreuse chimère. On ne nous accusera pas de les avoir affaiblis. Nous n'avons pu nous empêcher, il est vrai, d'énoncer la possibilité d'un doute sur la légitimité d'une telle conclusion ; nous allons examiner à présent les faits et leurs conséquences sous une face nouvelle, et nous verrons si ce doute ne saurait se changer en affirmation positive.

Je conviendrai d'abord, sans difficulté, de l'inconstance, de la légèreté, de l'esprit d'engouement du peuple français pour les nouveautés plus nuisibles qu'utiles, et surtout de cette absence presque totale d'un véritable esprit public, laquelle ne lui permit jamais de bien voir et de réparer ses fautes. Mais, sans autre examen, devrais-je en conclure qu'il n'existe dans la nation entière aucun penseur, qu'il n'est aucune possibilité de combattre, de modifier, de réformer avec le temps ces funestes dispositions ?

On a mille fois répété, sans trop approfondir la question, que le peuple français était *essentiellement* léger; que tel était son caractère propre, et que *rien* ne pourrait jamais le changer. J'observerai, en premier lieu, qu'il n'est point étonnant que le peuple français ait presque constamment manqué de consistance dans les idées politiques, et n'ait eu que très-peu de ce qu'on appelle *esprit public*, puisque, de temps presque immémorial, il a vécu sous des gouvernemens dont le soin constant fut d'enlever au corps de la nation toute participation, même morale, aux actes de son ministère. Une telle cause, sans cesse agissante, eût produit le même effet chez tous les peuples de la terre, placés dans les mêmes circonstances.

Mais lorsqu'on veut, en outre, prétendre que désormais rien ne peut changer ces traits de caractère, je répondrai par un seul fait : Si l'ambition du dernier tyran n'avait eu le résultat déplorable de faire périr aux armées presqu'en entier la génération née pendant la révolution, l'on eût été convaincu de ce que peut opérer, pour reconstituer l'esprit d'un peuple, le moindre effort du gouvernement le plus faiblement constitué. On eût vu dans une partie notable de la population , des hommes d'un extérieur et d'un caractère bien différens. Une partie de la jeunesse française avait déjà perdu ce ton de frivolité et quelquefois d'impertinence, qu'on ose appeler souvent *ses grâces*...... On commençait à se plaindre qu'elle fut trop sérieuse et trop réfléchie. En effet , un grand nombre portait déjà l'empreinte d'un esprit solide, pénétré d'idées libérales , mais sans exaspération, car ils avaient eu le bonheur de ne point partager les erreurs de leurs pères. Un changement si rapide n'avait point échappé à l'œil de l'étranger observateur. Et, cependant, sous quelle influence s'était-il opéré ? C'était surtout, et en dernier lieu, sous un gouvernement créé dans les circonstances les plus difficiles, si imparfait à quelques égards, et dont les agens montrèrent tant de faiblesse ou de corruption ; c'était, en un mot, sous le gouvernement directorial, dont le seul mérite à cet égard fut de laisser triompher quelques idées libérales et de créer quelques institutions salutaires ; tant il est vrai qu'il faut bien peu d'efforts à l'autorité pour produire, sur l'esprit public , les effets les plus inattendus !

Qu'on cesse donc de proclamer que le peuple français ne sera jamais propre à conquérir un autre caractère. Qu'on n'essaye point non plus de décrier le résultat d'un tel changement, en disant qu'il ne fut que le partage de ce qu'on appelle dédaigneusement *le peuple*. Loin de là, lorsque, sous l'époque suivante, les dernières classes du peuple avaient déjà repris l'habitude d'une servile obéissance, les idées libérales trouvèrent leur refuge dans la jeunesse des seules classes relevées de la société. Ce fut dans les écoles supérieures, celles de droit, de médecine, du génie, et dans les cercles littéraires, qu'elles conservèrent encore leur empire. Il y a plus : on vit des parens, des fils de pros... on d'émigrés, des proscrits et des émigrés mê..., pénétrés des mêmes sentimens et assez justes pour distinguer les principes d'une liberté sage, des excès qui avaient causé leurs malheurs. Eh bien ! le gouvernement actuel n'a qu'à vouloir, pour régénérer en peu d'années la population actuelle. Qu'il cherche sincèrement à établir la liberté de la nation, sans démagogisme; aucun Français ne songe à rappeler ces temps malheureux. Respirer un air libre sous une monarchie modérée, tel est le seul bienfait auquel on aspire. C'est la plus digne rivalité qu'il faille à jamais vouer à nos fiers voisins, qui riraient avec un superbe mépris, s'il était enfin décidé que nous ne

savons être constans que dans l'art de vivre es-
claves.

Je passe à un autre point : je conviendrai
encore de tous les excès, des crimes même
dont notre histoire moderne est malheureusement souillée, et dont un trop grand nombre
fut en effet commis au nom de la liberté, de
l'intérêt de la patrie..... Mais en reconnaissant
ces tristes vérités, irai-je donc aussitôt m'em-
presser de conclure que depuis 1789, tous les
Français furent des barbares ou des monstres ?...
Que dès lors notre sang ne fut plus que le
sang des tigres !... Pourrai-je croire, ô Dieu !
que les saints noms de patrie, de liberté, puis-
sent jamais devenir seuls le cri de ralliement
du crime et du brigandage !...

On a mille fois encore répété, et ce fut surtout l'argument de la dernière tyrannie, que
nous devions tous nos maux, tous nos crimes
et notre immoralité à la fureur des idées phi-
losophiques, à la seule proclamation des mots
de liberté, de droits des hommes ; que telle fut,
dans tous les temps, la cause la plus active de
la démoralisation et de la férocité des peuples....
Je demanderai d'abord : est-ce au nom des droits
de l'homme que, dans notre propre histoire,
Louis XI institua ses mignons et ses cages de

fer ? que Philippe-le-Bel fit dresser le bûcher
des Templiers ? Est-ce au nom de la liberté
qu'on vit élever les barricades, se former la
ligue contre le meilleur des rois, s'aiguiser les
poignards des Clément et des Ravaillac, et s'organiser sur toute la France les massacres de la
Saint-Barthelemi ?... Et dans les empires mo-
dernes d'Orient et de Russie, est-ce au triomphe
des idées libérales qu'on doit cette institution
presque périodique de l'assassinat des souve-
rains ?.. Est-ce au nom de la liberté, de la philosophie, que l'empire romain n'offrit, pendant
quatre siècles, qu'une épouvantable succession
de rébellions, de rapines, des débauches les
plus infâmes, de l'inceste, du meurtre et du
parricide ?... Ah ! cessons de calomnier ce que
l'homme a de vraiment grand, de vraiment
digne de sa nature. Cessons d'attribuer aux
idées libérales et à la philosophie ce qui n'est
que le fruit des passions qui leur sont le plus
contraires. Reconnaissons que c'est l'habitude
des vices anciens de la nation, qui, s'opposant
au vrai triomphe des maximes les plus salutaires, en a dénaturé tout l'effet. Disons que
c'est à l'empire caché de ces vices antérieurs
qu'il faut attribuer tous nos maux et tous nos
crimes ; que l'une des leurs causes les plus pro-

chaînes fut cette injuste et imprudente opposition au renversement des abus les plus véritables, opposition qui, conduisant le peuple à l'exaspération, lui fit passer toutes les bornes ; tandis que, par un machiavélisme abominable, les ennemis même de la liberté s'efforcèrent, pour pouvoir la calomnier à leur gré, de faire naître ou seconder, sous son nom, l'essor des passions les plus antilibérales, dont ce malheureux peuple fut bientôt la première victime.

Disons avec plus de justice, que si ces jours affreux ne se sont pas perpétués comme en d'autres temps fameux de l'histoire, ou sous l'empire actuel des gouvernemens despotiques, c'est qu'on le doit à la seule influence de cette philosophie qui avait adouci nos mœurs, et qui servit bientôt à nous guérir de ce délire momentané et à faire tomber nos poignards. Et c'est elle qu'on voudrait présenter comme un monstre hideux, dégoûtant de sang !..... la philosophie bienfaisante, source unique d'une vertu sage et durable, et sans laquelle le sang coulerait encore dans notre malheureux pays !...

Je crois avoir démontré par quelle suite d'observations fautives l'on était enfin parvenu à se méprendre entièrement sur notre caractère national et sur les causes de nos erreurs. Je crois avoir prouvé qu'un caractère inconstant et volage n'est pas plus *essentiel* à la nation française qu'à toute autre nation qui serait placée sous les mêmes circonstances ; que le gouvernement n'a qu'à vouloir pour opérer bientôt le changement le plus heureux, et créer, dans la masse instruite du peuple, l'esprit public le plus favorable à sa propre stabilité. Je crois avoir également prouvé que, dans notre révolution, l'empire des idées libérales n'eût point amené les maux dont nous avons gémi, si des vices profonds, contractés sous un ordre de choses antérieur, n'eussent pas germé depuis long-temps au milieu de toutes les classes de la société ; et si, d'une part, les classes privilégiées n'eussent point irrité le peuple par une injuste opposition à la réforme d'abus trop réels ; si, de l'autre, les ennemis de la patrie et de la liberté n'eussent eux-mêmes, sous ces noms respectables, attisé le feu de toutes les passions haineuses du cœur humain.

Il était important de rétablir ainsi les faits sous leur véritable jour, et d'en bien démêler les premières causes ; car nous ne saurions trop insister là-dessus : tant qu'on n'aura point observé avec sagesse les symptômes et les principes d'un mal, il sera impossible d'y porter un remède salutaire. Les palliatifs les plus habiles en apparence ne seront, le plus souvent, que des poisons lents dont les effets seront terribles.

Mais, après avoir bien signalé nos erreurs, que nous reste-t-il à faire pour en bannir à jamais le retour ? Nous n'avons qu'un seul parti à prendre ; c'est de nous entourer de tous les moyens de nous éclairer et de mieux diriger à l'avenir nos opinions. Mais, pour y parvenir, il faut la bonne foi la plus entière et le désir sincère du bien public. Pour seconder ce désir, nous avons besoin de calme et du retour de la confiance réciproque entre le peuple et le monarque. Et comment pourrait-elle renaître, cette confiance précieuse, si chaque portion de l'État cherchait réciproquement à se surprendre, à se tromper sans cesse ? Eh ! ne devrions-nous pas rougir de perpétuer ainsi, par d'indignes moyens, la source de nos maux ? O mes concitoyens ! ô mon Roi ! ô vous, tous ministres et agens de son autorité, faisons régner cet esprit de droiture qui seule fait la base durable de tout pacte entre les hommes ! Abjurons sincèrement nos erreurs et nos prétentions illégitimes ! Point d'arrière pensée, point de surprise, ou tout le système se renverse à jamais ! . . . .

C'est avec un tel esprit que nos réflexions et le temps ramèneront nos institutions vers le degré de perfection dont elles sont susceptibles. Certes, notre charte n'est point parfaite, et sa forme n'annonce point l'expression d'une volonté libre de la nation. Mais enfin nous n'avons plus d'autre point de ralliement; elle existe, elle contient des dispositions salutaires; et souvenons-nous bien qu'une règle médiocre, mais bien suivie, est par cela seul un bienfait immense. Gardons-nous donc encore d'une funeste précipitation. N'essayons d'abord qu'à bien consolider les bases de l'édifice; mais que tout soit égal entre le monarque et le peuple; si le monarque veut exiger que les citoyens respectent les dispositions fondamentales de son autorité, il doit a son tour inviolablement respecter celles qui sont favorables aux droits de la nation. Qu'on ne cherche point, sous le prétexte spécieux de régler l'exercice des droits, à en détruire entièrement l'existence; une telle méthode n'est propre qu'à autoriser les actes de la plus violente tyrannie. D'ailleurs, cette tactique étroite et fallacieuse est désormais trop vulgaire; on en connaît les moindres signes, et jusqu'aux derniers ressorts. Eh ! quel respect imposerait l'autorité qui n'emploierait pas d'autres armes ? En montrant ainsi sa faiblesse et son astuce, ne donnerait-elle pas l'exemple contagieux de l'emploi des mêmes moyens et de la violation du pacte qui fait seul sa puissance ? On ne pourrait plus attendre du peuple un retour sincère d'efforts ; et ce serait détruire en lui cette conscience politique, qui nous fait considérer les lois comme sacrées, et qui est la source la plus constante des devoirs du citoyen.

Mais est-il un moment où nous pussions concevoir une espérance plus favorable, et pourrions-nous douter à cet égard des intentions de notre souverain ? En faisant présenter à la chambre des députés un projet quelconque de loi sur la liberté de la presse, n'était-ce pas improuver par cela même les atteintes illégales de ses agens contre cette disposition de notre charte constitutionnelle ? N'a-t-il pas ainsi consacré ce principe important, et donné l'exemple d'une réparation solennelle des erreurs de ses ministres ? Livrons-nous donc avec confiance à l'espoir de voir bientôt tarir la source de nos maux. Sachons enfin profiter des leçons du passé; il en est temps, ô Français ! nous avons tous assez souffert. Réunissons-nous donc tous autour du trône, qui, je l'espère, ne séparera plus ses intérêts de ceux du peuple. Ainsi se formera cet invincible faisceau de volontés qui fait la force, et qui seul peut rétablir notre bonheur et notre véritable gloire.)

FIN.